Meninas e Bonecas

Meninas e Bonecas

Maria Elaine Altoe · Agostinho Ornellas
texto   ilustração

semente editorial

Divino de São Lourenço / ES, 1ª edição,
outono de 2018.

*Esta história é uma homenagem às mulheres da família Petersen.
Minhas ancestrais e minhas descendentes.
Às que conheci e às que ainda virão.
Temos o mesmo sangue. Sangue de guerreiras, de ciganas, de artesãs, de fadas e de bruxas: de Contadoras de Histórias!*

*"Um dia fomos meninas, como nossas donas!
E nos nossos sonhos éramos humanas e brincávamos de ser gente."*

Maria Elaine Altoe

Sumário

Meninas e bonecas, 11

O aniversário da Emi, 21

Histórias de bonecas, 35

A magia de Brighit, 47

O sonho de Emi, 50

As traquinagens de Trico, 65

Um lugar mágico, 81

•

Palavras da Autora, 86

Quando abriram o baú, levei um susto!

A claridade cegou meus olhos e
só consegui ouvir aquela voz amada:

— Lili, minha Lili... você é a única coisa
que restou de minha vida!

Cheia de machucados no rosto e nos braços
minha querida Elizabeth chorava desesperada...

Capítulo I
MENINAS E BONECAS

Lili era loira, cabelo muito claro, quase branco, natural. Os olhos azuis tinham pálpebras que se abriam e fechavam. Seus braços, pernas e quadris eram articulados.

As roupas eram feitas de seda e renda, forradas de cetim, à moda antiga, mangas compridas para disfarçar as articulações dos braços, e meias de náilon branco até as coxas, também para disfarçar as articulações dos joelhos e dos quadris. Calcinha de renda de perninhas e sapato de camurça preto, *de boneca*.

Morria de vergonha de suas articulações e de seu tamanho; sempre foi a maior das bonecas. Para disfarçar a timidez assumia uma pose de dama bem-comportada e dela não se afastava. Estivesse onde estivesse, mantinha-se sempre empertigada, como haviam-lhe ensinado desde que a montaram.

Não gostava de ficar sem roupas e queria muito ser como as outras bonecas, delicadas, pequenas, rechonchudas.

Mia era francesa, pertenceu à mãe da menina, que a ganhou em uma viagem. Seu nome era Marie Claire, mas preferia ser chamada de Mia, só Mia.

Tinha o cabelo castanho, com duas lindas tranças, olhos azul-escuros, magra. O rosto era de louça, bem-acabado, uma pintura!

O corpo era maleável, de plástico, e tinha até algo parecido com seios, o que a deixava muito elegante, mocinha. Seu vestido era de tafetá azul-noite, com enfeites em bordado inglês na gola e nas mangas. Uma linda saia de baixo, armada, deixava-a com aspecto de dama antiga. E até usava calcinha com rendinhas! As meias eram curtas e os sapatos de camurça eram brancos e delicados.

Foi criada em um hospital de bonecas, onde tudo era cuidadoso e bem-acabado. Seus olhos e boca eram pintados, mas com tamanha perfeição que pareciam reais. Fez muitas amizades por onde andou – lojas de brinquedos; a casa de uma artista francesa (de onde foi roubada); a caravana de ciganos a se perder pelo mundo; a loja de antiguidades onde havia bonecas de todos os tipos; e, finalmente, a casa da mãe da menina, dona Anna, que era *designer* de moda e foi quem lhe deu o apelido de Mia.

A boneca tinha verdadeira adoração pelas roupas que dona Anna criava. Gostava de contar as histórias que tinha ouvido por onde andou, e chorava de saudades de todos que conheceu.

Já Tita era uma boneca especial. Foi feita com retalhos de pano pela avó materna da menina. Dona Dileta fez aquela boneca com carinho, encheu seus braços, pernas e cabeça com algodão cru, pregou botões em lugar de olhos, e, na boca, um coração vermelho bordado. Seus cabelos eram de retalhos coloridos, longos, pregados um a um, com uma fita vermelha para segurá-los longe da testa.

As mãos e pés tinham sido bordados no algodão cru. Pareciam verdadeiros. Os olhos, castanhos, eram meigos e arteiros. O nariz, apenas uma bolinha bordada. Tinha sobrancelhas grossas, negras, também bordadas – delicadamente –, acima dos olhos. A roupa? Ah, qualquer coisa lhe servia. Variava muito, porque era pequena e o corpo de pano era fácil de vestir.

Seguidamente, dona Anna fazia um *short*, uma blusa ou um maiô de meia (sabe aquelas que a gente perdeu o outro pé?). Uma vez dona Dileta veio passear e trouxe um vestido branco para Tita. Era feito de renda inglesa, o vestido que ela mais gostava. Nem se importava se tinha calcinhas ou sapatos!

Sentia prazer em ir com sua dona a todo canto, até mesmo para o banho de mar. Voltava suja, salgada, ia para a máquina de lavar roupa numa boa! Uma verdadeira moleca, sempre na farra com a dona – bem diferente das outras, que preferiam ficar sentadas tomando chá, para não se sujarem.

Tita ia à praia, ao mercado, à escola, à casa das amigas de sua dona, às festas de pijama. Tinha um pijama de bolinhas igual ao da menina, pareciam gêmeas. Foi dona Anna que o fez com o que sobrou do pijama da menina. Era engraçado porque tinha uma parte atrás, no bumbum, com

dois botões para quando precisasse ir ao banheiro. Era inteiro e quentinho.

Maria, a babá de Emi, pegou uma meia vermelha, cortou o cano, costurou um pouquinho embaixo e fez um lindo maiô para Tita ir à praia. Suas pernas brancas, já um pouco bronzeadas pela sujeirinha, ficaram meio expostas, mas a felicidade da menina ao vê-la de maiô superou tudo.

— Você agora pode ir à piscina comigo — falou Emi assim que a viu.

Bem naquela época foram a Búzios, à casa da tia Christiane, e Tita voltou de lá contando que tinha conhecido as praias, que desfilou com o vestido branco na rua das Pedras e tudo.

Tia Christiane era artista, e na casa dela havia um monte de coisas diferentes, quadros, lápis de cor e livros, muitos livros.

— Nossa, vocês tinham que ver. A casa dela fica à beira-mar, brincávamos na areia o tempo inteiro; comemos pastéis, sanduíches, cuscuz... Foi muito divertido. Ganhei roupas novas, uma canga, uns colarzinhos maneiros. Querem ver?

Lili fez que sim com a cabeça e fungou no lencinho de renda importado:

— Você já se olhou no espelho, Tita? Voltou mais suja, até sua pele está mais... mais... usada.

— Compraram ou fizeram calcinhas para você? — perguntou Mia, morrendo de inveja.

— Claro! — disse Tita, dando a mão à francesa, para descer. — Está na hora do nosso chá das cinco!

As três foram até a mesinha onde o chá estava sempre pronto e começaram a fazer de conta que estavam bebendo nas pequenas xícaras de porcelana.

— Conta mais pra gente dessas férias... — falou Mia. – Ai, como eu queria ter um *short*!!! Neste calor eu não estou aguentando este vestido.

— Somos estrangeiras, Mia, comporte-se. *Short* só se usa na praia — disse Lili, sem querer demonstrar o ciúme das coisas que Tita havia ganhado.

— Boneca é que nem menina, tem que ter calcinha — falou Lili, levantando-se da prateleira e descendo no que chamava "as escadas do seu castelo bávaro".

Na verdade, era apenas uma estante com uma cadeira colocada na frente. Ela fazia tanta pose para descer que até parecia ser mesmo uma princesa. Dessas antigas!

— Me ajude aqui, Tita — pediu Mia. — Com este vestido não consigo descer sozinha, e não tenho articulações como Lili.

A menina, Emi, era uma criança alegre, divertida, que preferia brincar com as bonecas a olhar televisão. Bronzeada, gordinha, adorava comer o que dona Maria, a babá, preparava. Quando a mãe podia iam as quatro para a praia, Copacabana, bem ali em frente. Iam dona Anna, Maria, ela e a Tita, sua companheira inseparável. Quase todas as roupas da Tita eram feitas de retalhos das roupas da menina, então as duas saíam combinando uma com a outra.

A menina tinha um nome muito diferente: Emiliana, mistura de Emílio com Anna. A menina, porém, não gostava do nome, tinha vergonha. Tita a chamava de Emi porque sentia que ela gostava desse apelido. Era o pai dela que a chamava assim:

— Emi, minha pequena.

"Seu" Emílio era muito ocupado, ficava trabalhando até tarde e viajava muito!

Às vezes Emi tentava ajudar a mãe, fazendo uma bela bagunça nos retalhos de pano. À noite precisava da companhia da Tita para dormir, abraçada. E a boneca ficava feliz em ser um conforto para a dona. Tita era sua boneca preferida porque podia fazer qualquer coisa junto dela. Também gostava das outras bonecas; cada uma com seu jeito.

Capítulo II
O aniversário da Emi

Todas sabiam que Lili tinha uma personalidade difícil, e, quando a Maria resolveu tirar a roupa das bonecas para lavar, seu segredo foi descoberto: ela parecia um robô. As roupas delicadas e finas escondiam articulações expostas, e Lili fechou a cara, não falou com mais ninguém. Sem ter a intenção, a babá deixou a boneca só de calcinha até trazer a roupa de volta, limpa e passada.

Lili demorou muito tempo para perdoar aquela afronta: exposta daquele jeito sentiu-se quase um monstro. Precisava digerir aquilo tudo em silêncio e não suportava os olhares de pena das outras duas bonecas.

Mia já estava acostumada a ficar nua. Sentia-se bem confortável com seu corpo enquanto esperava pela roupa limpa e passada.

— Que delícia, acho que também poderia tomar um banho — pensou com prazer.

Tita nem se importou, pois estava acostumada a trocar o *short* seguidamente e ser lavada junto com a roupa, o que adorava. Perto de Lili e de Mia ela era encardida, mas, quando ia para a máquina de lavar e secava ao sol, ficava bem branquinha. Até mais que as outras duas.

Ofereceu seus *shorts* para as bonecas até as roupas ficarem prontas. Elas recusaram. Não estavam acostumadas a usar roupas de outras bonecas. Preferiam ficar peladas. Bom, em Lili nem ia caber porque ela era muito grande. Mas Tita não diria o que pensava, pois iria magoar Lili mais ainda, né?

Maria lavou, dependurou tudo no varal e depois passou cada uma das roupinhas. Mas quando foi passar a Tita, viu que ela estava quase perdendo seu olho de botão! Então pegou linha e agulha, e consertou-a com muito carinho, porque aquela era a boneca preferida da Emi.

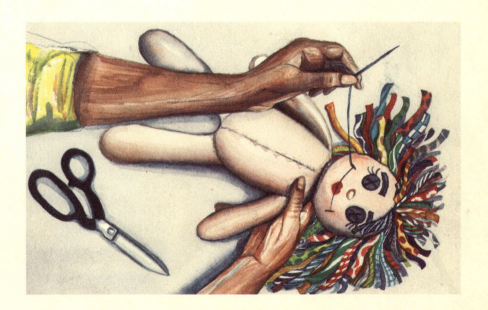

Passou seus cabelos até ficarem lisinhos, separando cada tira com cuidado, e percebeu que aquilo não agradava muito, era a parte de que Tita não gostava. Parecia ter ido a um salão, os cabelos escorridos caídos nas costas. Preferia o cabelo desarrumado, cacheado. Maria arrumou o cabelo das outras também, vestiu e arrumou uma por uma, e, limpinhas, foram sentadas na mesa de chá para esperar a festa.

Lili não falava; Mia estava contente por ter tomado banho; Tita simplesmente esperava, o cabelo liso, longo, preso só com uma faixa para tirá-lo dos olhos; o vestido era um estampadinho, novo, que Anna tinha feito para que usasse na festa da Emi.

Então esperaram, esperaram, esperaram, ouviram música, risadas. Uma olhando para a outra. A festa era para a Emi, não para elas. Lili, azeda, desabafou:

— De que adiantou toda essa confusão se a gente nem foi até a festa? Precisava me deixar exposta daquele jeito?

— Lili, você é uma boneca estilosa, querida. Jamais seríamos convidadas a participar da festa, somos só bonecas! — disse Mia, meio aborrecida, mas sentindo-se bem depois do banho.

— Sim, Mia tem razão, Lili... veja, até fui lavada, penteada e estou aqui, como um enfeite. Somos suas amigas. Relaxe, agora você está deslumbrante como sempre.

— Adorei meu banho, só faltava um perfuminho! — disse Mia.

— Não! — disseram as outras duas ao mesmo tempo. — Seus perfumes são muito fortes!

Mia ficou emburrada, e Lili virou-se para Tita:

— Me conte mais da viagem para Búzios. Você voltou tão bronzeada! E aquele *short* de *jeans*? Comprou lá?

Lili não aguentou e entrou na conversa, pois adorava falar de roupa. Não que gostasse dos modelitos da Tita, preferia os mais clássicos. Mas o *short* de *jeans* desfiado arrasava na Tita.

Bri veio de Londres, foi presente de aniversário da tia de Emi – uma artista plástica meio bruxinha que adorava ir à Irlanda. Brighit (seu nome real) era de tecnologia avançada, tinha braços, pernas, mãos, tudo articulado. Magra, longilínea, olhos verdes fundo de mar e cabelos vermelho-escuros, encaracolados. O vestido simples, de algodão, na moda medieval, tinha um cinturão com um nó celta, e, nos pés, sandálias de camurça amarradas nos tornozelos. O mais incomum, porém, era a meia-lua na testa, estranhíssima, tatuada em azul-escuro. Uma verdadeira maga.

Trazia histórias e lendas de cavaleiros e fadas, e de um mundo onde não existiam tempo nem espaço. Gostava de contar que havia sido criada por gnomos e fadas, na terra de Avalon.

De repente Emi entrou como um furacão, com a boneca estranha na mão.

—Vejam, meninas, vejam o que ganhei da tia Christiane. Uma boneca bruxinha... é de Londres! Olhem o vestido dela, é comprido! E tem cabelos vermelhos!

Longilínea, pernas compridas, cabelos vermelhos encaracolados, vestido de cor verde-folha e sapatos marrons amarrados nos tornozelos. A recém-chegada esbanjava charme. Diferente das outras e muito linda.

— Qual é seu nome? — perguntou Tita, curiosa, puxando conversa.

— Brighit — respondeu a boneca, num sotaque carregado. — Cheguei ontem de Londres! E vocês, quem são?

— Estas são Lili, de Munique; Mia, de Paris, e eu daqui mesmo. Sou Tita. Posso te chamar de Bri?

— Por quê? Você não gostou do meu nome? — perguntou Brighit, quase fazendo beicinho.

— Vou explicar: a Lili se chama, na verdade, ah... hummm... diz aí, Lili.

— Augusta Elizabeth Von Haas — declarou Lili, empertigou-se, e continuou: — antiga boneca da baronesa Elizabeth, bisavó da Emi, que me herdou. E vim de Colonia, não de Munique.

— Mia, que na verdade chama-se Marie Claire, veio de Paris há pouco tempo também, antes da Emi nascer — informou Tita. — E eu vim do Rio Grande do Sul, daqui do Brasil mesmo. Fui feita pela dona Dileta, avó materna da Emi, de restinhos de pano, e não tenho nome pomposo. Meu nome é Tita. Gosto de pensar que poderia ser Maria Lúcia, Estelita... sei lá... qualquer um serve! — disse, rindo.

— Se quiser pode me chamar de Bri, mas meu nome é Brighit porque Brighit é a deusa do fogo lá na minha terra. Ela acende a lareira das casas.

— Que mágico — respondeu Tita, sonhadora, imaginando o charme de Bri acendendo uma lareira.

— Você é de plástico? — perguntou Lili, não se contendo.

— Sou. Algum problema? Posso ser lavada. Meu cabelo é de náilon, por isso brilha tanto. Sou toda articulada, veja. E estou louca para conhecer o Rio de Janeiro, as praias, as florestas... — disse Bri, olhando para a Tita, percebendo que era a única boneca interessada nela.

— Você vai é ficar na estante — respondeu Mia, impaciente porque a estrangeira só conversava com a Tita.

— É, a gente que é importada só fica de enfeite, para não sujar — disse Lili meio aborrecida.

— Ai, que triste!

— Acho que você, que é fácil de lavar, vai me fazer companhia para brincar com a menina — disse Tita.

— Estou curiosa. É verdade que no Brasil tem onças soltas na rua? E cobras? Adoro animais silvestres!

— Selvagens, Bri. Mas quem te disse isso? Somos rodeados de florestas e praias maravilhosas, temos uma bem em frente à janela da sala! — ria muito, a Tita. — E onça tem, sim, lá no interior da Amazônia, longe daqui. Cobra tem em qualquer lugar, pequena, grande, média. Lá em Búzios tem aranhas. Você gosta?

— Adoro! Sei fazer uma poção com as teias delas, para ficar com a pele linda.

— Não, obrigada, prefiro a pele que tenho — disse Tita, lembrando da história que a dona Anna tinha contado para Emi, da bruxinha que fez uma poção errada e virou mosquito!

— Eu queria fazer umas poções mágicas, só para passar o tempo — falou Lili.

— Amiga, se você quiser eu te ensino qualquer hora dessas — falou Bri.

— Você é bruxa? — quis saber Mia, com os olhos espantados.

— Não, sou maga, iniciada nas coisas secretas. Está vendo esta meia-lua que tenho na testa? Foi gravada em um ritual de iniciação.

— Ara... vamos trocar de assunto? — resmungou Lili.

— Quando você vai de novo até a casa da tia Christiane, Tita? — perguntou Mia, espichando o braço para pegar um pedaço de bolo.

Sem perceber, pisou na barra do próprio vestido. Caiu por cima da mesa de chá fazendo uma bagunça só, e escorregou para o chão, de cara contra o piso duro.

Seu rostinho de porcelana quebrou-se em mil pedacinhos, e o choque foi grande!

Emi já havia saído para brincar na festa, mas Maria, que passava pela porta, ouviu o barulho.

As outras bonecas estavam desesperadas, e Maria, ao tentar erguê-la, viu o que tinha acontecido. Estava com o rosto todo quebrado, em mil pedacinhos.

Lili, Tita e Bri tentaram ajudar.

Maria colocou Mia em uma caixa de sapatos e tentou recolher todos os caquinhos possíveis. Quando chegou à sala de dona Anna, esta ficou chocada.

— Vamos levá-la ao hospital das bonecas antes que Emi veja! Ela vai ficar triste... Logo no dia de seu aniversário!

Então a levaram até o doutor de bonecas, que ficava bem pertinho. Ele nada podia fazer.

— Posso tentar conseguir outra cabeça, mas não garanto. Esta boneca é muito antiga!

Dona Anna pegou a caixinha com a boneca e seus pedaços, e voltou para casa. Passou horas olhando a linda boneca que a fez tão feliz em outros tempos, agora tão desfigurada. Chorosa, pensou: "Vou eu mesma te consertar. Não importa se não ficar certinha, vou tentar!"

Decidida, pegou a cola de porcelana que usava no ateliê, juntou todos os caquinhos e começou a cumprir sua missão.

Primeiro montou o quebra-cabeças que era aquele rosto, e, depois, com ajuda de uma pinça, foi colando – um por um – cada caquinho. O nariz foi a última coisa que colou. E, para sua surpresa, Mia voltou a sorrir, meio estranha com as cicatrizes... Mas era de novo a sua Mia!

Ah, sim, esqueci de contar: faltou um caquinho bem pequeno na ponta do nariz, que se perdeu. Dona Anna não conseguiu encontrar. Aquele detalhe ficou dando a Mia um charme especial.

Quando Mia secou e voltou para o quarto, todas as bonecas bateram palmas.

"Será que se tivesse acontecido comigo ela faria o mesmo?", perguntou-se Lili, e prometeu a si mesma tomar mais cuidado, pois sua louça era mais delicada do que a do rosto de Mia.

— Agora tenho uma companheira feita de retalhos, como eu: retalhos de louça! — exclamou Tita, fazendo graça.

E riram-se muito as quatro.

Emi ficou triste pelo acontecido. Abraçou a boneca com carinho, dizendo-lhe que não importavam suas cicatrizes ou o pedacinho faltando, ela continuava sendo sua Mia.

Depois do acidente dona Anna passou a frequentar mais o chá da tarde.

Tita, Bri, Mia e Lili adoraram, pois podiam ouvir mais fofocas e saber das novidades.

Mia ressentia-se um pouco por estar com o rosto desfigurado. Mas com o tempo percebeu que isso não era importante, e ria com Tita, que sempre a chamava de "cara de retalho".

Sempre que dona Anna olhava com carinho para Mia, lembrava-se de quase tê-la deixado lá, no hospital de bonecas, para ser reaproveitada. Sentia-se feliz por tê-la consertado, agora tinha mais uma história para contar.

Capítulo III
HISTÓRIAS DE BONECAS

Um dia Tita não quis ir à praia, preferiu ficar com Mia, que ainda se recuperava.

Nesse dia Lili, sentada ereta e comportada, tinha nos olhos uma tristeza profunda. O acidente de Mia tinha mexido com suas lembranças e estava com muita pena da companheira e de si mesma.

Poderia ter acontecido com ela. Não... ela aprendeu desde cedo a não se arriscar a nada.

Mia era uma aventureira, mas Lili, nascida em tempo de guerra, conviveu com o medo por tempo bastante para aprender a comportar-se.

Criada por um artesão num tempo difícil, seus parafusos haviam sido reaproveitados do que restara da guerra, e traziam uma longa história de terror.

Encontrada pelo pai de Augusta Elizabeth na velha fábrica abandonada, foi levada para uma casa maravilhosa, ao lado de uma Catedral.

Da estante do quarto da menina, ela escutava os sinos da catedral e sabia que horas eram.

Não queria lembrar o passado, mas ele insistia em aparecer na sua mente.

Foram 10 anos de vida farta, lindos vestidos, sapatos, anáguas, penteados e lágrimas de uma menina que tinha só a boneca Lili para conversar.

Foi sua dona quem lhe emprestou o nome, Augusta Elisabeth. Passava horas contando como era rígido o colégio que frequentava, o quanto seu pai e sua mãe eram autoritários, e que a disciplina e a obediência eram difíceis de aprender. O que aprendia, no entanto, a menina ia ensinando à boneca.

Um belo dia a menina foi informada de que iria se casar. Tinha apenas 15 anos. Frequentava a escola técnica de enfermagem e se formaria naquele ano.

Lili assistiu a tudo sem poder consolar a dona.

Depois da formatura foi colocada num baú junto com as roupas e o enxoval da menina, e só foi retirada de lá quando chegou... ao Brasil.

Lembrava-se direitinho de ter levado um susto ao ver sua dona com os olhos fundos de quem havia chorado, magra, com o rosto e os braços cheios de machucados. Pobre menina, o que teria acontecido?

E a menina, quando a viu, abraçou e beijou a boneca, e só repetia, o tempo todo:

— Você é a única coisa que restou de minha vida.

Lili custou a entender... Mas quando viu o marido entrar no quarto e passar pomada delicadamente nas queimaduras de sol no rosto e nos braços da menina, entendeu tudo!

— Lili, Lili, o que há com você? — perguntava Tita, enquanto a chacoalhava.

— Lili, você está bem, querida? — perguntava Mia, preocupada, com seu rostinho colado.

— Estou bem, estou bem — respondeu Lili, deixando as lembranças para trás e retornando ao quarto de brincar. — Minhas lembranças me tomaram e esqueci de estar aqui.

— Conte pra gente, amiga, você sabe o quanto gostamos de histórias... E as suas, então, sempre são diferentes — disse Tita, segurando com sua mãozinha quentinha de algodão bordado a mão gelada de Lili, de porcelana.

— Lembrava de minha dona, quando chegamos ao Brasil. Pobre menina, na viagem de navio sofreu muito com o sol e o iodo do mar. Estava lembrando da cara do marido que o pai arranjou, um médico que veio ao Brasil para estudar doença de Chagas. Quando Elizabeth chegou, muito clarinha, com o rosto e os braços queimados e feridos pelo sol forte durante a viagem, ele ficou com muita pena e acolheu-a como a uma criança.

— Conta mais, conta mais — falou Tita, curiosa. — Por que ela era branca?

— Porque o sol da terra da gente, lá na Europa, é fraquinho. Nossa pele fica vermelha e descasca quando tomamos sol.

— Nossa, ainda bem que a Emi não leva você para a praia, né? — disse Tita, imaginando Lili toda cheia de feridas em sua pele alouçada.

— Nós sempre tomamos sol! Pouquinho. Devagar. Para não queimar demais — disse Mia.

— Nós adoramos tomar sol! — disse Tita. — Não conseguimos viver um dia longe dele. Tomamos muito cuidado! Só até as dez horas. Depois faz mal. Eu, por mim, ficaria o dia inteiro. A Emi também é branquinha e às vezes volta muito vermelha e queimada — e, tendo dito isso, Tita acrescentou: — Ai, eu queria ter vivido coisas assim como vocês: viajar de navio, conhecer lugares e pessoas.

— Andei muito pela Europa inteira — disse Mia. — Minhas donas moravam na França, depois fui para a Itália, ali pela Sicília, e para a Espanha, Portugal e, por fim, de volta à França, onde fui achada pela mãe da Emi.

O olhar de Mia foi ficando perdido, como que pelos lugares por onde andara, bem no jeitinho de como havia ficado o olhar de Lili. Tita, curiosa, a fez voltar ao quarto de Emi:

— Mia, conte-nos suas aventuras! Você nunca falou nada.

— Fui criada na França, em Lion. Lembro que fiquei na vitrine um tempão... acho que as crianças não gostavam do vestido decotado que me puseram. Aí, uma senhora muito maquiada e bonita me comprou e colocou sobre sua penteadeira.

— O que é uma penteadeira? — quis saber a curiosa Tita.

— É uma mesa que tem um espelho grande onde as mulheres colocam a maquiagem, os pós e os perfumes. Dona Odete tinha muita maquiagem porque era cantora de teatro!

— Nossa, por isso você viajou tanto! — disse Lili, que admirava ópera e adorava escutar música.

— Não, querida, não viajei com ela. Um dia, dona Odete esqueceu a janela aberta e um menino me carregou para um carroção de ciganos. Foi com eles que viajei. Então, o menino me deu de presente a uma moça linda, que dançava à noite quando paravam de viajar e acampavam. Eles faziam uma fogueira e dançavam ao redor... era lindo vê-los dançando, rindo, comendo e se divertindo — relembrou Mia e depois completou, mostrando as orelhas

furadas: — Troquei de roupas, ganhei muitos colares e até joias: brincos de ouro! — falou, mostrando as orelhas furadas.

Após uma pausa para tomar fôlego, Mia prosseguiu com sua história:

— Na Espanha fui mais feliz. Aquele povo canta e dança muito! Não tanto quanto no Brasil, nem com tanta alegria, mas são muito divertidos. Foi lá que ganhei este cabelo escuro e liso. Meu cabelo antigo pegou fogo quando encostei em uma vela no carroção. Por sorte fui salva pela minha dona. Precisei usar um pano na cabeça por algum tempo, do mesmo jeito que ela. Seu nome era Carmen. Você, Tita, se parece com ela: cabelo colorido e sem calcinhas.

— Ora, Mia, você sabe que não uso calcinhas porque só tenho *short*! Continue, por favor! Estou adorando essas histórias.

— Da Espanha fomos a Portugal, e lá descobri o fado. Chorava porque a música era triste. Em Portugal Carmen conheceu um rapaz que passeava por ali, e acabou fugindo para ir morar na França com ele. Claro que me levou junto! Voltei para a França. Carmen não aguentou por muito tempo e quis voltar para a família — um sorriso triste acompanhou a recordação. — Por isso precisou de dinheiro e me vendeu para uma loja de antiguidades. Fiquei muitos anos naquela loja. Conheci outras bonecas. Acho que ninguém me queria porque eu tinha sido de uma cigana!

— Nossa, amiga! — falou Lili. — Adoraria ter você, só pelas histórias que você conta! Que bom que dona Anna gostou de você e a trouxe para cá.

— Não foi dona Anna, foi o marido dela, o senhor Emílio, que estava passeando e me viu na vitrine. Ele se apaixonou por mim e me levou para dar a Emi! O dono da loja fez preço baratinho porque eu estava há muito tempo ali, encalhada! — disse Mia, dessa vez rindo muito.

— Pois eu, a única história que posso contar a vocês é que meu cabelo é feito de pedacinhos de roupas usadas da família da mãe da dona Anna! Este é de uma camisa do pai dela — disse Tita, mostrando um tecido liso. — Este é de um vestido da dona Dileta — mostrou outro — e este é de um vestido de festa da dona Anna, quando era menina. Este aqui é de uma almofada — mostrou um bem colorido — e este é de uma colcha da cama dela — detalhou, toda orgulhosa.

— É por isso que a Emi gosta tanto de você, querida — disse Lili. — Você é a família que ela não tem perto. Sou parte do outro lado, que também não está perto.

— Pensando assim, fica muito gostoso — disse Tita, abraçando Mia e Lili. — Estou quase chorando!

— Calma, calma, Tita, cuidado... Mia ainda está se recuperando do acidente, e eu também quebro. Vá devagar! — recomendou Lili. Você parece controlada. Eu sei que tem um coração aí dentro, tá? — E você, não tem nenhuma outra história para contar, Tita? —

perguntou, curiosa por saber da vida de Tita. — Assim, uma história de quando a dona Dileta a fez!

Tita pensou, pensou, e lembrou-se:

— Quando vovó Dileta estava me fazendo, soube de uma coisa muito dela. Lembro como se fosse hoje. Ela estava bordando meu rosto e falou: "Sabe, Tita, você vai ficar linda e vai para o Rio de Janeiro ser da minha neta. Ai que inveja!"

— De ir para o Rio? — perguntou Mia.

— Deixa ela contar — retrucou Lili.

— Não. Ela contou que queria ser artista, desde pequena. Sua mãe, seu pai, e depois o marido riam dela, pois naquele tempo ser artista não era algo muito bem aceito.

— Sério, sei disso — falou Lili. — No meu tempo também era assim.

— Bom, sempre vivi nesse meio e nunca achei nada de errado — ponderou Mia. — Os artistas são criativos e alegres. Eles vivem em contato com outros mundos pela imaginação!

— Continue, Tita.

— A vó Dileta me contou que o pai tinha um hotel onde sempre se hospedavam artistas de circo, de música, de dança. Ela adorava ficar ouvindo. E havia a cartomante de um circo que sempre passava lá.

— Ai, Tita, que história linda! Conte mais.

— A vó era moça, trabalhava no hotel do pai. Estava noiva de um agricultor. Ainda não tinha data marcada para casar. Um dia o Guilherme entrou no hotel pedindo um quarto. Ela o viu chegar e falar com seu pai. O carro dele tinha quebrado. Dileta soube na hora que ia casar com aquele grandão.

— Ai, que romântico — falou Mia. — Ele era cigano?

— Não, era alemão. Viajava vendendo tecidos. Bom, na hora do almoço ela deu um jeitinho de ir servir sua comida. "Puxa, estou morrendo de fome", disse ele. E ela achou lindo aquilo! Tímida, não disse nada, só ficou vermelha e saiu. Quando veio buscar as louças sujas, ele perguntou seu nome. Perguntou também se foi ela quem fez a comida.

— E ela? — quis saber Mia.

— Acostumada às brincadeiras dos hóspedes, ela contou que riu e respondeu como uma artista: "Sinto muito. Meu noivo chegou primeiro!" — continuou a contar Tita. — Então, ele fechou os olhos, respirou fundo e falou: "Casa comigo. Te darei o mundo!" Aí ela pensou em tudo que sonhava, e aquilo a conquistou totalmente. No outro dia terminou com o noivo. O carro do alemão só ficou pronto quatro dias depois. E ele já tinha pedido sua mão em casamento a seu pai. Casaram-se seis meses depois e foram viajar juntos.

— Viajaram muito? — intrometeu-se Lili.

— Calma aí! — reclamou Tita, e prosseguiu: — Um dia, encontraram a moça das cartas em um hotel. Quando ela os viu, foi até eles e perguntou: "Você casou com esta menina ou a roubou do pai?" "Casei, disse ele mostrando a aliança. E ela os abraçou dizendo: "Porque se não tivesse casado eu ia te surrar!"

— Nossa, que história, Tita!

— E tem mais... — disse ela, puxando um dos trapos de seu cabelo — este é um pedaço do vestido de noiva dela, para dar muita sorte para nossa Emi!

— E ela virou artista? — perguntou Mia, curiosa.

— Não, teve dois filhos e uma filha e ficou cuidando da casa. Bordava, costurava, fazia crochê, cozinhava e cantava para as panelas. Ela me contou que sabia todas as músicas da época.

— Mas fazer tudo isso é ser artista — comentou Lili.

Capítulo IV
A MAGIA DE BRIGHIT

Maria entrou no quarto trazendo Bri, que já havia tomado banho. Seus olhos brilhavam mais do que seus cabelos vermelhos, tamanha a alegria, e, feliz, sentou-se junto às outras bonecas.

— Conta pra gente como foi seu primeiro dia de praia — pediu Lili, com inveja.

— Não sei o que dizer, nada se compara com a delícia de um banho de mar e depois ficar ao sol quentinho. Que delícia, estou apaixonada pelo mar, Tita, e se você me permitir quero ir mais vezes em seu lugar!

— Claro, Bri — respondeu Tita. — Fiquei super bem aqui com a Lili e a Mia. Estávamos contando histórias, e adoro histórias.

— Também gosto. Mas, sinceramente, brincar na areia e tomar banho de mar é maravilhoso! Maria falou que sou bem mais fácil de lavar, então podíamos combinar de você me deixar ir mais vezes à praia com Emi. As amiguinhas dela adoraram brincar comigo. Mas não vi cobras, onde elas estão?

— Bri, para ver cobras você precisa ir até a mata, querida, aqui estamos na cidade, beira do mar, acho que você vai demorar para ver uma. Talvez na casa de praia de tia Cristhiane seja mais fácil — sugeriu Tita.

Emi chegou ao quarto, rosada, com os olhos brilhando! O pai chegaria naquela tarde e iriam para casa de uma amiga em Mendes.

— Posso levar minhas bonecas, mamãe?

— Pode, filha. Só Tita e Brighit. Mia está se recuperando e Lili é muito grande para ficar carregando pra lá e pra cá!

Foi palpável a tristeza que se abateu em Lili.

As bonecas a olharam com carinho. Ela já estava se empertigando e fechando-se em si mesma como sempre fazia, magoada.

— Lili, não fica triste — disse Tita, tentando consolar. — Na volta te conto tudinho!

Lili levantou o nariz mais um pouquinho e fez aquela cara de "não estou nem aí", para mostrar que não se importava. Uma lágrima teimou e soltou-se.

Tita e Mia vieram abraçá-la. Conheciam a sensibilidade daquela grandona, e ela desabou.

— Sou sempre a desengonçada, a que fica porque não dá para carregar. Queria ser magrinha, pequena, descolada como você, Tita — disse, encostando a cabeça em seu colo quase a derrubando.

—Vamos, animem-se bonecas — disse Bri, que era um pouco maior do que Tita. — Cada boneca nasce para ser quem é! Veja só, você é tudo que eu queria ser: grande, estilosa, olhão, e está chorando por causa disso. Querida, aceite-se como é: veio para ficar na vitrine e brilhar!!! Mia lhe fará companhia e na volta contaremos tudinho!

As malas foram arrumadas e Emi foi dormir, agitada e feliz por passear com o pai.

Abraçou a Tita e ficou olhando as outras bonecas, sorrindo. Logo fechou os olhos e apagou, cansada. Tita estava quase apagando também quando percebeu que Emi sonhava com elas, e teve uma ideia: chamou Bri e pediu-lhe para falar com as outras, e entrarem todas no sonho da Emi.

Então Bri, com seu conhecimento de maga, abriu o sonho. E as quatro entraram nele.

Capítulo V

O SONHO DE EMI

Emi estava numa campina verde, cheia de sol, e pequenas flores do campo amarelas enfeitavam o verde do capim. O vento brincava com seus cabelos e as bonecas pulavam a seu redor com uma alegria sem fim. Nada podia definir a liberdade que todas sentiam. Deram-se as mãos e rodaram, felizes.

Dona Anna vinha mais atrás, de mãos dadas com o marido, e sua amiga colhia flores. Lá embaixo corria um rio. Dava para ver uma floresta densa, de árvores muito altas, dos dois lados do rio.

— Será que lá tem cobras? — perguntou, animada, a Bri. — E aranhas? Ai, vamos lá, vamos?

— Vamos — responderam todas.

O cheiro da terra era forte, o barulho de cigarras, grilos e passarinhos também, quase deixando as bonecas tontas com tamanho esplendor.

— Será que é a floresta da Espinafra? — quis saber Tita.

— Deixa de ser boba, estamos no sonho da Emi — respondeu Lili.

— Estou gostando tanto, que me acho uma menina — disse Mia, se olhando.

— Estamos sonhando com ela, no sonho dela — explicou Bri — e aqui tudo é possível e não corremos perigo nenhum!

— Acho muito engraçado escutar vocês falando — disse Emi. — Vamos tomar banho no rio?

— Prefiro procurar cobras e aranhas — respondeu Lili,

de cara fechada, lembrando de como se sentiria mal se tirasse as roupas.

— Então, vamos — Bri deu a mão a Lili, e foram procurar aranhas e cobras.

Mia e Tita ficaram ali, sentadas numa pedra tomando sol. Mia estava exausta.

Anna e seu marido também chegaram e foram com Emi tomar banho. Riam muito os três!

Bri e Lili foram entrando mata adentro e encontraram teias e aranhas de todas as formas e tamanhos. Lili, mais alta, tirava as teias e Bri guardava-as no bolso de seu vestido, cada uma enrolada como uma bolinha.

— Vou fazer chá para nós quando voltarmos — falou Bri. — É ótimo para dores de alma.

— Tá bom, veja! — disse Lili, apontando uma pedra. — Uma cobra! Ali, ó!

— Não, querida, isso é uma lagartixa! Lili, você nunca viu uma cobra ou uma lagartixa?

— Não, é a primeira vez que saio.

— Vamos — disse Bri, chegando mais perto da pedra onde estava a lagartixa e mostrando para Lili: — Veja seus olhos se movem para todos os lados!

— Que divertido. Ela morde?

— Sim, querida. Mesmo em sonho. Melhor não arriscar.

Embaixo de uma árvore, algo movimentou-se rápido, e Bri foi lá correndo: era uma cobra! Grande, verde, e parecia estar com mais medo do que elas.

— Lili, veja, é uma cobra. Não deve ser venenosa, é verde! Seus olhos são dourados! Pronto, agora posso acordar, já vi o que queria ver.

— Não, por favor, esta aventura está muito legal, preciso ver mais coisas!

— Lili, não pire, somos bonecas e estamos num sonho!

— Você não queria ver uma onça? Vamos procurar uma agora, por favor, por favor!

— É só pedir que aparece, simples assim. Veja, ali, no rio — disse Bri mostrando com a mão. — Cuidado, não faça barulho que ela nos estraçalha.

— Ai que linda! Bri, podemos chegar mais perto?

— Não, melhor voltarmos. Mia e Tita já devem estar preocupadas.

De mãos dadas, as duas bonecas voltaram dando um pulinho pra cá e outro pra lá, como as meninas sempre fazem.

— Posso saber o que essas meninas estão fazendo sozinhas na minha floresta? — disse uma voz meio rouca.

— Nada... Estamos apenas passeando — disse Bri, já desconfiando quem era a dona daquela voz.

Aí viram uma menina bem bronzeada, cabelos encaracolados, vestida com uma roupa que parecia feita de cascas de árvores, olhos verdes como os da Bri, grande como Lili, meiga como Mia, e com uma risada igualzinha à da Tita. O rostinho parecia de chocolate, e o branco dos olhos, duas frutinhas sobre o rostinho redondo.

— Você é... Naná? — perguntou Bri.

— Puxa, assim perde a graça, querida... Como você pode saber?

— Aqui deixo de ser uma boneca para ser a guardiã do fogo, Brighit. Minha intuição fica muito forte.

— Pode me chamar de Naná. Sou irmã do Saci Pererê.

Naná era indígena, bugra, pele da cor do barro, às vezes vermelha, às vezes negra como a lama da beira do rio. Era sabida e entendia de plantas, ervas e bichos. Naná conversava com os bichos, árvores, rio, vento, com gente e com bonecas. Adorava contar histórias de lendas, de mitos, de tudo. Conhecia a origem das coisas.

— Vocês estão perdidas nesta floresta? — perguntou Naná.

— Não! Sei andar em florestas, fui treinada para isso — respondeu Bri.

— Posso acompanhá-las? Não é sempre que recebo visitas e adoraria conhecer vocês. E quem é você? — perguntou, olhando para Lili. — Uma valquíria?

— Eu? Não sei nem o que é uma valquíria. Sou Lili.

A menina olhou para Brighit e caiu na risada. A resposta da Lili não tinha sentido algum para Naná. Com aquele tamanho, cabelos e olhos, só podia ser uma valquíria saída das lendas *vikings*.

— Você gosta de lutar?

— Não — disse Lili. — Sou uma boneca de louça, só sei ficar enfeitando vitrines.

— Lili, por favor, não se faça de delicada, porque não vou acreditar. Sua alma é de guerreira, estou certa? Pelo que sei você veio da Alemanha em um tempo de guerra, sobreviveu a uma viagem pelo mar, e está na terceira geração de donas.

— Como pode saber tudo isso? — perguntou Lili.

— Porque a gente simplesmente sabe, Lili, e ainda sou a guardiã da terra, sou conhecida por muitos nomes e guardo todas as histórias. Sou a memória de tudo o que acontece. Sou uma deusa, Lili, só apareço em sonhos.

— Estou aprendendo, jamais imaginei que existissem outras realidades além da que vivemos.

— Todos podem sonhar — disse Naná. — Venham, vou mostrar-lhes a mãe d'água! Mas antes digam-me uma coisa: o que são bonecas?

— Geralmente, meninas de porcelana — disse Bri. — Mas eu tenho alta tecnologia, sou de plástico!

Foram as três até o riacho onde Emi se banhava e viram, acima delas, atrás da cachoeira, uma moça com um vestido azul e branco, que as olhava com carinho. Não era possível distinguir se a água era seu vestido ou se era o vestido que se transformava em água. O efeito era mágico!

— Que beleza, que espetáculo — disse Lili. — Nunca imaginei que essas coisas existissem. Perdi muita coisa deste mundo.

— Não, querida boneca, você não perdeu. Você só não estava preparada para usar sua imaginação, e agora está prontinha — disse Naná. — Basta fechar os olhos e imaginar qualquer lugar, que lá estaremos!

— Vou te ensinar mais coisas, grandona querida — disse Bri, abraçando Lili. — Me aguarde!

Lili estava feliz, tudo aquilo podia ser sonho, mas o carinho de suas amigas de antes e mais aquela nova amiga, diferente de tudo que conhecera em uma vida, era tudo que queria.

Emi estava chamando as bonecas para irem tomar banho. Receosas, elas só chegaram mais perto da água. Bri apresentou Naná para Emi.

— Veja, mamãe, veja, é a boneca que vi no *shopping* ontem com a Cris, é uma negra linda! Como você se chama?

— Naná. Você também é boneca?

— Não — responderam juntas Bri e Lili. — Ela é menina, e o pai e a mãe dela também. São...

— Quero muito você — disse Emi abraçando Naná. — Acho você uma coisa mais linda! É grandona, que nem Lili!

— Ora, ora... — falou a mãe de Emi. — Então esta é a boneca?

— Mamãe, a roupa dela parece casca de árvore, e a moça da loja me disse que ela é uma deusa!

— De que linha será? — interessou-se a mãe da Emi, que conhecia quase todos os tipos de mitos e não conseguia definir Naná.

— Sou o que você quer que eu seja: Naná, Artemis, Demeter, Perséfone, Grande Mãe, Pachamama... o que você desejar — disse Naná, apertando a mão da Lili com força, pois não gostava muito de falar com humanos, eles sempre a enchiam de perguntas. — Não precisa me identificar como esta ou aquela deusa; sou todas. Sou a matéria de que as deusas foram feitas. Também me conhecem por Gaia.

— Emi, Emi, acorde, vamos nos arrumar para viajar — dizia a mãe de Emi tentando acordá-la, e as bonecas tiveram que voltar do sonho.

— Mãe, que sonho lindo tive! Precisamos passar no *shopping* para comprar a Naná!

— Emi, você já tem bonecas suficientes!

— Mãe, não tenho uma boneca negra!

Rindo, a mãe de Emi deu um beijo na filha maluca e pegou Bri, deixando as outras bonecas comportadas na mesa de chá. Elas adoraram porque poderiam conversar sobre o sonho até Emi voltar do passeio. Teriam muito assunto. Pena que Bri não estivesse ali também para ajudá-las a entender o que havia acontecido.

Emi foi conversando sobre o sonho que teve até a casa da amiga de sua mãe. Estava animada. Quando chegou, viu que a casa era no meio de uma floresta.

— Mamãe, mamãe, será que a casa de sua amiga tem uma cachoeira?

— Tem sim, querida, como você sabe?

— Foi aqui que sonhei que as minhas bonecas eram meninas. Contei o sonho pra você, estou louca para ir até a cachoeira ver Naná!

— Meu amor, é perigoso. Prometo que à tarde vamos todos, está bem? — disse a mãe, preocupada.

— Por favor, mamãe, deixa eu ir! Preciso saber se esse é o lugar, para contar às outras meninas.

— Não se preocupe, Anna, vou com ela — disse o pai da Emi.

Chegaram. A amiga da dona Anna, dona Mara, era morena, cabelos negros, usava uma faixa colorida enrolada na cabeça. Levou Emi até o quarto onde ela iria dormir, e lá havia dois ¨bonecos¨!

Emi adorou. Eram lindos, um feito de porcelana, e o outro entalhado na madeira.

— Vou te colocar aqui neste quarto porque era aqui que eu dormia quando era pequena. Estes bonecos eram meus, e eu adorava brincar com eles... O Trico, este aqui, foi minha madrinha quem me deu. É o meu bebê. O Pinóquio você deve conhecer, é de uma história! Eu tinha também a Naná. Ela caiu e quebrou-se.

— Emi adora bonecas, até sonhou esta noite!

— Vamos — disse Mara. — Quero mostrar uma coisa para vocês antes que escureça.

— Eba! Papai, será que a Mara vai nos mostrar a cachoeira da Naná?

— Sim — disse Mara. — Vou mostrar a vocês a minha cachoeira, que fica logo aqui atrás da nossa casa.

Dona Anna e "seu" Emílio olharam-se e começaram a rir. Explicaram a Mara o sonho de Emi. Foram rindo para a cachoeira. Emi de mãos dadas com Mara, dizendo a ela o quanto sentia-se feliz em conhecê-la.

Quando chegaram à cachoeira, era a mesma do sonho de Emi, e Bri percebeu que o local era mágico, que ali se sentia a presença dos seres da natureza!

— Que delícia de lugar, amiga! — disse dona Anna. — Vamos adorar curtir você aqui.

— À tardinha tem um pouco de mosquitos. Amanhã depois do café, podemos vir para cá e almoçar, tipo um piquenique... Que tal a ideia?

— Tia Mara... — começou Emi.

— Diga, meu amor.

— Acho que sua mãe deixou a Naná aqui na floresta.

— Nossa, minha criança, tem sentido... Porque toda vez que venho aqui me lembro dela e de quanto gostava de pensar que era minha filhinha!

— Você tem filhos, tia Mara?

— Sim, um menino e uma menina. Eles já estão casados, moram longe! Vamos voltar? Tenho uma cuca esperando nós! Gostam de cuca?

— Muito, e Emi também. Não é, minha boneca? — disse "seu" Emílio pegando Emi no colo e fazendo cosquinha na sua barriga.

Voltaram todos rindo para casa e foram direto para a cozinha de Mara. Era bem aconchegante: uma mesa grande de madeira, um fogão a lenha que deixava um cheirinho gostoso, café e cuca.

— Depois desta longa viagem, o que vocês querem fazer, meus queridos?

— Acho que quero dormir um pouco — disse Emi. — Lá, no seu quarto!

— Sério? Deve ter-se cansado da viagem, ou está

doente — falou dona Anna, colocando a mão na testa da Emi.

— Pode ser o ar puro de mato, que relaxa — explicou Mara.

— Não, mãe, quero dormir para sonhar de novo com minhas bonecas e com Naná!

— Então vamos que vou te dar um banho. Quer saber a história do Pinóquio?

— Pode ser — disse Emi. — Cadê a Bri?

Depois do banho, Emi não aguentou e apagou. Abraçada a sua Bri, Emi parecia um anjo dormindo e dona Anna sorriu. Pensou que quando era criança também vivia no mundo imaginário dos sonhos, onde tudo era possível.

Se pudesse ver o que sua Emi estava sonhando teria certeza de que era com a cachoeira e as bonecas.

Capítulo VI
AS TRAQUINAGENS DE TRICO

— Gente, adorei passar o dia conversando sobre nosso sonho! — disse Lili.

— Nossa, o que você contou foi especacular, precisamos ir junto na próxima vez. Só que Emi e Bri viajaram, e a gente não sabe entrar em sonhos de menininhas!

— Vamos dar um jeito, meninas, pode deixar — falou Mia, que estava já com vontade de conhecer Naná e conversar mais com ela.

— Acho que se a gente for dormir, podemos tentar sonhar com Emi e Bri. Vamos experimentar?

— Já sei! — falou Mia, toda empolgada. — Vamos nos imaginar meninas na floresta da Naná.

— Gostei da ideia — falou Lili, já se ajeitando para dormir.

— Olá... oláá... — gritava Tita, de mãos dadas com Lili e Mia. — Oláá, Naná, você está ai?

— Quem quer falar com Naná? — perguntou uma voz que parecia de menino, ali por detrás das árvores.

— Somos a Lili, a Tita e a Mia! Quem está aí?

— TRICO!

E um menino pulou na frente delas, de braços abertos, quase as derrubando de susto! Mia, ainda delicada por causa dos ferimentos, quase desmaiou.

Trico era um boneco arteiro, sapeca, armava as maiores confusões, não tinha medo de nada e adorava negociar. Aparecia nos sonhos, subia em árvores, preparava armadilhas, nadava no rio, adorava as meninas e as bonecas! Quando precisavam ajuda, era só chamar que ele sempre estava pronto. Às vezes era branco, às vezes era vermelho, e às vezes era da cor da lama do rio, pretinho como o Saci Pererê.

Gostava de implicar com Naná e era seu companheiro mais fiel! Eram amigos e contavam, brincando, que eram da mesma matéria: o barro, matéria primordial de onde tudo vem. Naná dizia que tinha sido ela quem fabricara o Trico, e que tinha usado lama preta, mas que ele não parava quieto. Aí, ela teve que usar a lama que tivesse mais por perto, ele acabou sendo feito com lama de todas as cores.

Como o Saci Pererê, às vezes ficava bem pretinho. Outras, quando pegava sol, ficava vermelho como um pimentão, e outras ainda, quando o tempo era seco, ficava branquinho, como as porcelanas da Lili e da Mia. Transformava-se em qualquer bicho que quisesse, era só pedir, e adorava virar um gatinho para ganhar agrados.

— E vocês querem Naná por quê? Naná está com a menina que veio visitar dona Mara, nem quis brincar comigo hoje — disse o menino, triste.

— Vamos juntos — falou Tita, que já gostou daquele moleque meio sujinho, pensando "que coisa mais legal conhecer um menino!"

"De que cor é este moleque?", pensou Lili, pois percebia que a pele de Trico mudava.

— Foi Naná quem me fez — disse Trico como se tivesse lido seus pensamentos. — Eu não parava quieto.

Riram todos da brincadeira.

— Vocês querem, por favor, pensar na menina de vocês para que eu possa achá-la?

Na frente, o caminho da floresta dividia-se em dois e não se conseguia ver para onde levava. Trico puxou as meninas para o lado direito e disse:

— Por aqui, garotas, senão vamos nos perder.

Logo logo começaram a ouvir as risadas das meninas. Emi, Bri e Naná estavam na beirinha da cachoeira, brincando de barro. Pretinhas! Pareciam divertir-se muito!

— Achamos vocês! — disse o menino.

— Lili, Mia, Tita! — Emi correu para as meninas e abraçou-as sem se importar que o barro as sujasse também!

Naná agradeceu a Trico por trazê-las, ao que o menino deu uma risada e sumiu.

— Aonde ele foi? — perguntou Tita, que tinha gostado dele.

— Por aí... vocês querem ele aqui conosco? É só chamar, mas temos que chamar todas juntas. Se houver uma que não o queira, ele não vem!

— Trico! — gritaram todas ao mesmo tempo. — Vem aqui com a gente!

— Tchan tchan! — Trico surgiu das folhagens, todo bobo.

— Vamos brincar na lama? — chamou Emi, curtindo tudo aquilo. — Tirem suas roupas meninas, vamos!

Tiraram os vestidos e ficaram só de calcinhas, até Lili, que olhou para suas pernas e... viu que era uma menina... um pouco maior que as outras, mas do tamanho de Naná e de Trico!

Tita tirou o *short* e ficou maravilhada com a calcinha que estava usando: calcinha de menina!

Deram-se as mãos e entraram pulando e chapinhando na água da cachoeira. A moça das águas ria junto. Seu olhar era de amor e cuidado para com aquelas crianças.

Trico, sapeca, mergulhava e ia pegar no pé das meninas que caíam e se molhavam.

— Quem quer um cascudo? — perguntou Trico com as mãos dentro d'água.

— Não se atreva... — disse Naná, com a cara fechada, pensando que ele ia fazer alguma brincadeira com elas.

— Surpresa! — disse o menino, tirando de dentro d'água um peixe estranho com duas antenas e uma cara de brabo.

— Nunca vi peixe assim — disse Mia, acostumada a acampar com os ciganos.

— Vovó Dileta adora cascudo — disse Tita. — É muito bom para comer.

E se aproximaram do menino, olhando de perto o peixe feioso.

— Vamos subir naquele galho e pular na água? — convidou Trico, que não conseguia parar um segundo.

Lili e Naná não foram. Sabiam que eram muito grandes e pesadas, o galho não iria sustentá-las.

— E então? "Valquíria", Lili, você já descobriu o que é?

— Ainda não — disse Lili, sentando-se numa pedra na beira da cachoeira.

— Bom, valquírias eram mulheres guerreiras *vikings*, loiras, altas, grandes, que escolhiam nas batalhas que guerreiro ia morrer ou viver. Quando eles morriam, os acompanhavam até o grande banquete e lhes davam de comer. Quando não queriam que eles morressem, ajudavam a defendê-los contra o inimigo.

— Que lindo, Naná! Olha, Trico vai derrubar as meninas, está chacoalhando o galho!

— Ele é assim mesmo, sempre aprontando ou pensando em fazer uma brincadeira.

— Afinal, que cor ele tem?

— Todas as cores, ora! Ele não para quieto e consegue ser tudo que quiser ou imaginar.

— Trico, vire onça! — pediu Lili, sem pensar.

E Trico vira uma onça linda, grande, de dentes fortes, e fica sobre o galho. As meninas, de susto, se atiram no rio!

Trico volta a ser menino e rola pelo chão de tanto rir. Claro que Bri vem correndo e o abraça, agradecendo.

— Tinha a maior vontade de conhecer uma onça!

E o menino fica todo vermelho. E aí se transforma em cobra, porque era o outro desejo de Bri, e foge para o rio, sumindo de vista.

Sapeca, enrola-se na perna da Emi, que começa a gritar, e todas vão até lá para saber o que está acontecendo. Mas aí Trico já voltou a ser outra vez menino.

— Garoto danado, pare já com essas traquinagens! — falou Naná bem séria.

— Desculpe, Naná, desculpem meninas... Vamos brincar de escorregar na lama?

E saiu correndo e foi atirar-se de barriga na lama preta da beira da cascata, escorregando até a água!

— Ele é um saci — disse Naná para as meninas.

— Nossa! — disse Bri. — Na minha terra não temos sacis, temos o Loki, um gênio brincalhão que rouba crianças, leva-as para dentro do mato e não as devolve mais.

— Ah, não — disse Naná. — Trico só gosta de brincar. Quando se aproxima de gente espalha as folhas secas que as pessoas varreram, apaga o fogo da comida nos fogões, levanta a saia das amas, disfarça-se de cachorrinho ou de gato só para ganhar carinho das crianças...

— "Amas" são o quê? — perguntou Tita.

— Babás. Trico gosta de ajudá-las a cuidar dos menores. Adora crianças. Quando encontra uma vira criança também.

— Tita — disse Emi — você já se olhou?

— Vem — disse Naná puxando Tita — vamos tirar esta sujeira de você — e a levou para a cachoeira onde a Tita tomou um banho bem caprichado e ficou branquinha..

— Venham também, meninas, já está amanhecendo e logo vocês vão acordar!

A última a ir foi Mia, que, para variar, quando ia saindo da água escorregou e caiu na lama sujando as mãozinhas.

"Acorda, menina linda! Tem um sol maravilhoso lá fora e queremos fazer um piquenique na cachoeira!" Era a voz da Mara, que estava abrindo as cortinas.

— HUMMM! Sonhei a noite inteira com a cachoeira, com Naná e com Trico!

— Trico? Você conheceu Trico? Jura?

— Por que, tia Mara?

— Ele era meu amiguinho da imaginação, e minha mãe não gostava que eu brincasse com ele porque fazia muita sujeira no quintal. Ele ainda espalha tudo onde está? Lembro que ele não parava quieto, sujava a gente de barro, apagava o fogo da mamãe! Depois ganhei este boneco e lhe dei o seu nome em homenagem. Oh, Emi, que bom que você conheceu Naná e Trico! Venha, vamos trocar de roupa e tomar café!

— O Trico mudava de menino para bicho também?

— Sim, e quando queria brincar comigo virava um gatinho ou uma coruja e vinha para minha janela. A gente se escondia embaixo do lençol e brincava de casinha.

— Oh! — fez dona Anna, que estava na porta escutando a conversa das duas.

— Mamãe! — Emi correu para a mãe e a abraçou, tentando contar tudo que sonhou sobre a Naná e o Trico.

As três foram para a mesa do café. Bri foi esquecida em cima do travesseiro. Pode dormir mais um pouquinho.

O café estava delicioso, com bolo de milho verde, suco de laranja, canjica... e Mara fez para Emi uma coisa que comia quando criança: pão com nata e açúcar polvilhado por cima. A menina comeu muito, adorou a novidade. Emi contou do sonho e fez todos rirem muito.

— Esta menina podia ser minha parente — disse Mara. — Eu era bem assim...

— Eu não sou sua parente? — espantou-se Emi, que já acreditava que Mara era da família.

— Só de coração, querida. Vamos, me ajude a terminar a cesta com o nosso almoço.

E foram arrumar a cesta do piquenique, rindo demais. Emi pediu para levar duas maçãs, uma para Naná e outra para Trico. Mara pegou mais dois ovos cozidos também.

Quando chegaram à cachoeira não encontraram Naná. Estava lá uma coruja nenê. Emi ficou brincando com ela, querendo muito que ela se transformasse novamente em

Trico. Mara explicou que aquela era uma corujinha mesmo, que, se fosse ele, já teria se transformado.

— Puxa, esqueci Bri dormindo, será que ela vai ficar chateada comigo? — indagou Emi.

— Não, acho que vocês brincaram muito no sonho e Bri ficou exausta. Deixe-a descansar até de tarde, ela vai adorar conhecer uma corujinha, tenho certeza.

Na volta da cachoeira, Emi insistiu em deixar as duas maçãs e os dois ovos cozidos ao pé da árvore de onde tinha aparecido Trico.

— Eles vão gostar de encontrar essa comida!

Quando chegaram em casa a menina foi direto ao quarto mostrar a corujinha para Bri.

Ao entrar no quarto espirrou, assustando a corujinha, que saiu pela janela voando.

— Não vá, Emi! Não é o Trico. Volte!

Era tarde, Emi não escutou Bri e saiu correndo para o lado aonde tinha visto a corujinha voar. Perdeu tempo fazendo a volta até a porta que dava para a varanda e, quando chegou no pátio dos fundos, a corujinha já não estava mais lá.

Emi seguiu a trilha que levava ao outro lado da floresta e tentou chamar a corujinha, tentou chamar Trico. Ninguém respondia.

Quando deu por si, seguia por um caminho que dava numa caverna escura. Começava a chuviscar.

Dona Anna e Mara conversavam na cozinha e perceberam que o tempo mudara.

Mara viu a porta da varanda aberta e foi fechar. Chamou Emi; ninguém respondeu. Voltou para a cozinha, ansiosa.

— Anna, eu não quero preocupá-los, mas Emi não está no quarto e a porta dos fundos está aberta. Precisamos ver onde ela está, porque está se armando um temporal.

Dona Anna levantou-se, pegou um casaco, deu outro para Mara. Correu até o banheiro e avisou "seu" Emílio para não sair de casa. Uma foi por um lado e a outra pelo outro, chamando por Emi.

Emi encontrou uma caverna, onde entrou. Conseguiu sair da chuva, que já caía torrencialmente.

"Tomara que não tenha um urso nesta caverna. Não, não estou sonhando, isso é real!", pensou.

Devagar, foi se acostumando à escuridão e viu que lá no fundo da caverna havia alguma coisa. Era uma bolsa velha com coisas dentro.

Quando abriu, encontrou um casaco de lã e mais algumas coisas. Não dava para ver direito. Vestiu o casaco enorme e agradeceu a quem tinha esquecido aquilo.

Bem mais quentinha, encostou-se em uma pedra e cochilou.

— Ei, Emi, sou eu, Naná! Você não pode dormir, precisa voltar para a casa da Mara! Estão todos preocupados e logo vai escurecer!

Emi, sem entender o que estava acontecendo, se era sonho ou realidade, reconheceu Naná.

— Está chovendo. Estou cansada. Preciso dormir — disse a menina.

— Está bem, então durma um pouco, que vou ficar aqui. Olhe depois dentro da mochila, com cuidado.

Emi não resistiu e olhou logo. Havia ali outro casaco de criança e, enrolada no casaco, uma boneca negra. Quebrada.

— Esta boneca sou eu. Quando caí da cama da Mara, a mãe dela enrolou-me neste casaco e trouxe-me para esta caverna. Me leve com você, por favor, me devolva à minha dona! Você tem que ir agora porque está anoitecendo!

Emi colocou tudo de volta na bolsa e saiu. A chuva ia parando, ela ainda conseguia enxergar.

"Emi.... Emi...", escutou uma voz chamando.

Seguiu na direção da voz e reconheceu que era da tia Mara.

— Aqui! Estou aqui! — gritou o mais alto que podia, para que a localizassem.

— Graças a Deus, minha criança — disse Mara, abraçando Emi. — Estávamos tão preocupados! Este caminho não é usado há muitos anos.

— Tia Mara, achei uma coisa dentro da caverna.

— Mesmo? O que você achou?

— Este casaco, está vendo?

— Parece um casaco que eu tinha... — respondeu Mara.

— Sim, eu achei esta bolsa na caverna. E tem muita coisa bacana dentro dela.

— Depois a gente olha com cuidado!

Dona Anna encontrou as duas no meio do caminho, quase perto do rio. Com a chuva torrencial quase não dava para reconhecer a cascata.

— Que bom que encontramos você, filha querida. Onde estava?

— Não sei, acho que me perdi — respondeu Emi. — Naná me levou até a caverna e fiquei protegida lá.

— Na caverna? Emi, a caverna é muito longe!

— Eu sei, andei muito e fiquei cansada. Naná me ajudou a não dormir e achar vocês.

— Olhe, agora abra esta mochila — disse Emi, em casa, entregando a mochila a Mara.

Com cuidado, Mara abriu a mochila.

Quando achou a boneca quebrada, abriu um enorme sorriso de emoção, e abraçou Emi.

— Obrigada, Emi! Amo muito essa boneca!

Anna ofereceu-se para ajudar. Tiraram a roupa da Naná e lavaram a boneca com cuidado e carinho.

— Está menos quebrada do que a Mia. Se você tiver cola de porcelana, eu conserto.

— Agora estamos completas — falou Emi, já de banho tomado e sequinha.

— Como assim? — perguntou dona Anna.

— Faltava a Naná. Agora não precisamos mais comprar a do *shopping*. Mãe, você pode fazer um vestido de casca de árvore? Como aquele que a gente viu na boneca? Afinal, Naná foi quem me salvou!

— Vou tentar, filha.

Capítulo VII
UM LUGAR MÁGICO

—O que será que a Emi e a Bri estão fazendo? — perguntou Lili para Mia.

— Não tenho ideia, devem estar conversando sobre os nossos amigos.

— Mia, eu não acredito! Olha só as palmas de suas mãos!!! Estão sujas de barro!

— Meu Deus, como é possível? Então é verdade que a gente vira menina no sonho! Lembram que eu caí bem na hora que Emi acordou? Que mágico!

— Foi, sim, e agora? Como vamos explicar para Maria?

— Muito simples, boneca não fala! — disse Lili, fazendo cara de boneca e caindo na risada.

— Ai... este dia não passa, né meninas? Estou louca que chegue a noitinha para a gente brincar com as outras — disse Tita, inquieta.

— Acalme-se, menina, já anoitece. Sabe o que eu queria? Ver onde dá aquele caminho que o Trico disse que não era muito legal.

— Acho que vai sair em algum lugar não muito seguro — disse Mia.

— Que nada, acho que vai dar em algum lugar mágico. Uma caverna?

— Tita, você tem uma criatividade! Vai ver que a floresta ali é perigosa.

— Não — disse Lili. — Pode ser que vá dar num pantanal, ou numa areia movediça. Ou até mesmo numa aldeia indígena!

— Ai, meu Deus, agora me deu medo. Bri falou que tudo que a gente teme aparece. Parece birra — disse Tita.

— Queria saber como funciona este negócio de sonho — falou Lili.

— Precisamos perguntar para a Bri, ela deve saber — falou Mia pensativamente, como se descobrir aquilo fosse questão de vida ou de morte.

— Mia, não vou sossegar antes que você me conte o que significa esta expressão que você tem no rosto agora — falou Lili.

— É que estou pensando aqui comigo uma coisa que uma vez dona Anna leu para o marido, quando me ganhou. Ai, pirei, preciso pensar um pouco nisso.

— Estou mais interessada em como conseguimos sonhar juntas um mesmo sonho — falou Tita. — Vou descansar um pouquinho, porque essa nossa conversa me deixou exausta.

— Vamos todas ficar quietinhas um pouco? Também estou precisando pensar — disse Lili.

Adormeceram.

— Oi, meninas, que bom que vocês chegaram, agora estamos completos — disse Trico.

— Que bom que nos encontramos todos aqui. Precisamos de algumas respostas — falou Mia.

— Perguntem — disse Naná.

— Estávamos conversando sobre o funcionamento dessa coisa de virarmos meninas, e não conseguimos chegar a uma conclusão. É magia?

— Um pouco. Todo sonho é mágico. Às vezes o cérebro humano sonha para apresentar solução para um problema, para avisar a pessoa que alguma coisa vai acontecer ou para ajudar a tornar realidade um desejo do coração. Se os humanos soubessem a força que os sonhos têm, o mundo seria muito melhor — respondeu Naná.

— As maiores coisas inventadas foram sonhadas um dia — disse Trico.

— E se quisermos virar meninas de vez, como podemos fazer? — perguntou Tita.

— Sonhem! — respondeu Trico, dando aquele sorriso maroto de saci.

— Dê um beijo na tia Mara, Emi. Papai já está no carro para voltarmos ao Rio!

— Tia Mara, eu adorei vir aqui, conhecer seus bonecos, brincar com eles... obrigada! — disse Emi abraçando tia Mara.

— Por que você não leva o Trico junto, para ele conhecer a Lili, a Mia e a Tita? Tenho certeza de que vai gostar.

— Eu posso? Posso mesmo?

— Vá buscá-lo. Eu empresto até você vir me visitar novamente. Com todos juntos vai ser uma farra.

Emi vai correndo até o quarto, abraça Trico e olha para o boneco de madeira que ficou.

— Próxima visita quero te conhecer melhor, tá?

— Vou cuidar da Mara para você — respondeu Pinóquio, sem abrir a boca.

— Tá bom, eu volto. Tchau!

— Tchau!

Palavras da Autora

Levei três anos para escrever e ter coragem de publicar essa história.

Enquanto escrevia, as lembranças e sentimentos envolviam-me de tal forma que precisei guardá-la na gaveta e dar um tempo – esquecê-la – até conseguir superar e voltar a escrever

Sempre gostei de bonecas. Lili foi a minha primeira, e Mia a primeira de minha filha.

Mia ainda existe. Colada. Bri também.

Naná só existe na minha imaginação e Trico... ah, Trico é muito especial. É meu amigo imaginário até hoje. Não descola de mim nem eu dele! É meu parceiro, amigo, anjo da guarda, *daimon*, saci, o que eu quiser ou precisar que ele seja.

Quando era menina, as bonecas eram confidentes. Amigas que faziam parte da minha vida. Eram deusas e eu não sabia. Foram companheiras de aventuras vividas e imaginadas.

Onde começa a realidade, onde termina o sonho?

Acredito que crianças – considero crianças pessoinhas até seus 15 anos – deveriam ser olhadas como seres incríveis! Não são os adultos que têm o que ensinar às crianças, precisamos aprender com elas. A acreditar. A sonhar. A imaginar.

Escola de balé, natação, piano, inglês, dentista, aparelho, celular, internet só fabricam robôs. Não tenho nada contra a escola. Lá são heroínas e heróis que ensinam a usar o lado racional tão necessário à sobrevivência diária. Vivemos estressados em *Kronos*, o tempo que se mede em horas. Precisamos reservar horas, tardes ou dias inteiros a *Kairós*, o tempo que não é tempo, onde habita a fantasia e são construídos os sonhos.

Precisamos sonhar mais, e acreditar. Só o ser humano acessa os três patamares da criação, e é assim que criamos coisas novas ou morremos. Todo ciclo começa com um sonho. É nosso Deus interior pedindo a palavra, para a criança que ainda existe dentro de nós sonhar, criando em outras dimensões novas possibilidades.

Minha história foi escrita com amor. Saudade. Alegria. Coração.

O afeto que eu tinha por Lili, minha filha por Mia, você por sua boneca ou boneco não pode ser perdido. São vínculos dimensionais. Amores Incondicionais, semelhantes ao nosso bichinho de estimação.

Com todo meu Amor,
Maria Elaine Altoe, outono de 2018.

semente editorial

© by Maria Elaine Altoe
1ª edição abril/2018
Direitos desta edição reservados à
Semente Editorial ltda.

Av. José Maria Gonçalves, 38 – Patrimônio da Penha
29.590-000 Divino de São Lourenço / ES.
Tel.: (28) 9.9999.8289

Rua Soriano de Souza, 55 casa 1 – Tijuca
20.511-180 Rio de Janeiro/RJ
Tel.: (21) 9.8207.8535

contato@sementeeditorial.com.br
www.sementeeditorial.com.br

Produção Editorial: Estúdio Tangerina
Ilustração: Agostinho Ornellas
Edição, projeto gráfico e capa: Lara Kouzmin-Korovaeff

A469m
Altoe, Maria Elaine
　　Meninas e bonecas / Maria Elaine Altoe; ilustração de Agostinho Ornellas.
　1. ed. - Divino de São Lourenço : Semente Editorial, 2018
　　88 pp. : il. ; 24 cm

　　ISBN 978-85-63546-55-5

　　1. Literatura infantojuvenil brasileira. I. Ornellas, Agostinho. II. Título.

CDD: 028.5

Edição e publicação de livros
que venham contribuir para o bem estar,
alegria e crescimentode todos os seres.

www.sementeeditorial.com.br